松平家的
人生整理術

松平家のおかたづけ

學日本名門流傳數百年的秘訣，
讓你活得更自在。

松平洋史子
まつだいら・よしこ　Matsudaira Yoshiko

黃毓婷 譯

前言

以質樸儉約看出本質

質素倹約で本質を見極める

何謂松平家的人生整理術

回顧在松平家的生活，善用有限的空間及物質的那些日子，謹以本書相傳活在當下的智慧。

「以質樸儉約看出本質」。

松平家的家教之一，為減少奢侈鋪張、儉約地生活，以此便能看出事物的本質。

「整理整頓」也與前述是同樣的概念。

透過整理身旁周遭事物，就能找出人生中真正必要的。

本書並無記載合理妥貼的整理收納法。

變得「精於整理」，也不是本書的目的。

因為做過整理整頓，進而改善日常生活，心靈也比現在更加充實豐盈。這才是本書真正的目的。

在我所生養的松平家，有些原則是非常簡潔俐落的。

其中，有著關於「空間」、「時間」、「物」、「金錢」、「人際關係」的經驗智慧，孩子們從中學習謙虛及感謝之心。

「空間」的整理整頓，是讓我們思考在有限的一個空間中如何過得自在自如。如此便會明白，自己並不需要過大的空間。

「時間」的整理整頓，是學習會變幸福的時間使用法，以及美好的時間使用法。

「物」的整理整頓，是學習選擇，挑出那些能打造出「理想的自己」的「物」。人從出生到死亡，在物質面上理所當然地會增多，正因如此才要每天都做取捨抉擇的修行。

「金錢」的整理整頓，是磨練在質樸儉約之下，以火眼金睛找出對自己有價值之物的功力。

「人際關係」的整理整頓，其目標是能順利地與喜歡的人來往，也能高明地與感到難相處的人相處，最終走上的人生是身邊圍繞著喜歡的人、對人好的人。

這些經驗與智慧，是我所出生長大的松平家的教誨，其中更有繼承自祖母．松平俊子的智慧結晶。

俊子以社會事業家的身分活躍於大正末期到終戰期間。戰後被延攬為日本女子高等學院的校長，致力於女子教育。

生為舊佐賀藩主鍋島直大之六女，十七歲嫁入脈承水戶德川的讚岐國舊高松藩主松平家。在鍋島家曾接觸過西方上流文化的俊子，嫁入松平家後，學習了著重禮儀舉止及質樸儉約的武家精神。

或許，在這物質及資訊爆炸以致偏向迷失本質的年代，武家精神更顯可貴。

最重要的，是「想改變」的心。

有那樣的心，你一定能夠改變。

目次

松平家族譜

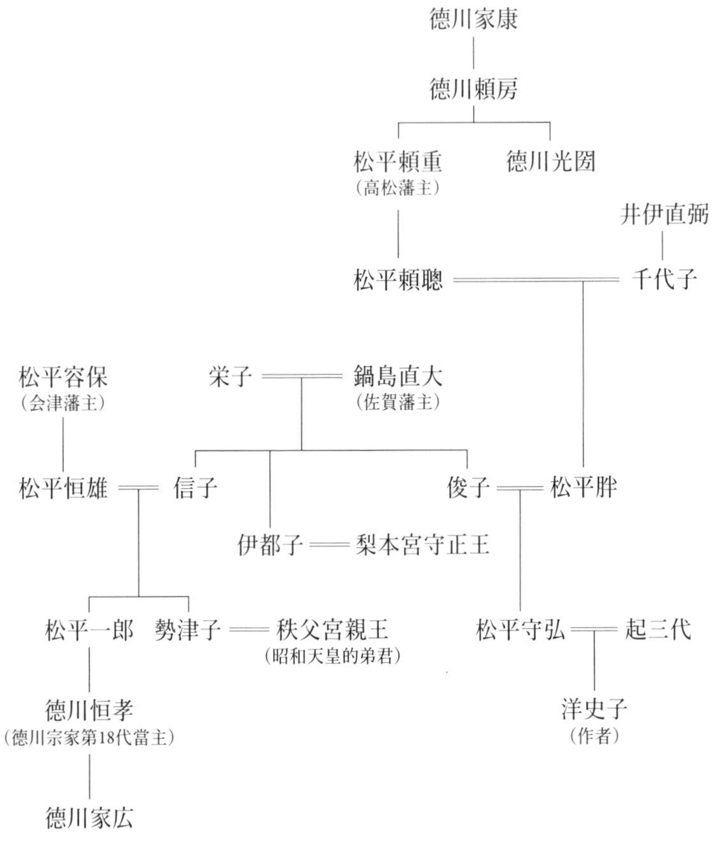
德川家康
德川賴房
松平賴重
（高松藩主）
德川光圀
井伊直弼
松平賴聰
千代子
松平容保
（会津藩主）
栄子
鍋島直大
（佐賀藩主）
松平恒雄
信子
俊子
松平胖
伊都子
梨本宮守正王
松平一郎
勢津子
秩父宮親王
（昭和天皇的弟君）
松平守弘
起三代
德川恒孝
（德川宗家第18代當主）
洋史子
（作者）
德川家広

Chapter ONE

空間

在有限的一塊空間中，清爽地、美麗地、自在地生活。
這是一種生活技能。
生活其實並不需要太大的空間。

收不了的就不留著。

我小時候住的，是位於東京駒込[1]的松平家大屋子。祖母與父母的房間，稱為「奧」，那不是孩子可以隨意進出的地方。

偶爾，祖母會喚我過去「有話要談」。還記得那時，喜歡去祖母房間的我，總是滿心期待著這樣的時候。

祖母的房間，不論什麼時候去都收拾得乾乾淨淨。

櫃子與抽屜裡，整整齊齊地收著平常會用到的東西，像是硯台、毛筆、詩箋、禮品繩結等文具類，化妝用具以及書本等等，而且都整理得易於取得。

孩子的房間也跟祖母的房間一樣，有個櫃子和小抽屜，並規定好衣服放這裡、書本放這裡，各有明確的地方。

當東西增加，而放的地方不夠時，就會告訴幫傭。

「買了學校課堂上要用的字典，所以需要一個放它的地方。」

「我明白了。那麼我會去增加一個櫃子。」

1 駒込，音為Komagome，東京都豐島區。

如果被認可為必要的，那就可以多一個櫃子，但不可以只是因為東西多了就要增加放東西的地方。

東西要收到定點，收不了的就不留著。這是松平家整理術的鐵則。

整理上最一開始要做的，是確認必要的空間。

松平家並不運用方法鉅細靡遺地一一收納。

如果收納空間不足，就丟棄已經不需要的東西。

有時候，明明已經沒有收納空間了，卻還是無法克制想買的衝動。這種時候，要輕輕地閉上眼睛，長長地吐出全身的氣。

「有可以放的地方嗎？因為買了這個而必須丟棄的是什麼？這個真的現在有必要嗎？」

先正面面對這股衝動，整理內心的想法。

「人生，即自制，即如何高明地自我控制情緒。」

祖母總是這麼說。

高明地控制情緒，這是讓自己活下去的技能。

首先，確實確認對自己而言所必要的空間。

接著，僅針對真的是現在必要的東西，逐項檢查能否放得進那個空間中。

空間與東西的量，都不能任意地增加。

真正必要的空間與東西的量，終其一生是不太會有巨大改變的。

認清「空間」，再決定東西的量，如此便不會被整理追著跑，

內心會變得非常輕鬆愉快。

人的生活，取決於如何活用擁有的空間。

祖母生為舊佐賀藩伯爵・鍋島直大之六女，直到結婚前都住在位於永田町的鍋島家宅邸。

目前已成了首相官邸的那一帶，近二萬坪土地上有西洋館與日本館，據說當時可以從那一望品川出海口。

三千坪大的西洋館內皆仿照西式建築，有寬廣的沙龍及螺旋階梯等，所有家具皆為義大利製。給女兒們位於三樓附陽台的個人房間。

祖母十七歲時，因與伯爵松平賴壽的弟弟松平胖結婚，而離開了這個家。

婚後，隨著當時擔任海軍少尉的胖，生平第一次離開了東京，移居到佐世保、壹岐、橫須賀的軍港官舍，其後才回到東京。

在祖母漫長的人生中，雖然住處有過巨大的變化，但卻從沒有聽過她對居住的地方有什麼不滿。

既不會因為狹窄而不便，也不會擁有寬廣才舒適。

祖母這麼說：

「人的生活啊，是取決於如何活用擁有的空間。」

一個空間有多大，幾乎都不是自己能決定的，因此，活用擁有的空間並樂在其中，才是豐收人生的開始。

「房間太小了，所以無法整理。」

有聽過這樣的煩惱。

的確，如果房間小，那麼就更有必要減少東西。但其實也可以這麼想：

房間越大，就越可能對東西增加的感覺駑鈍下來。打掃也會很辛苦，得為了拿出整理再放入，而一個個從房間這一端搬到那一端。

在日本，最具有日式美感的建築，是茶室。

標準大小是四疊半。從外地而來的客人，幾乎都會驚訝於這樣的大小，感佩日本人如此去蕪存菁的精神。

即使狹小，也要下功夫活用有限的空間。這也會減少耗時費力的事。

「因為房間小，所以無法整理」如果這麼想的話，那麼整理不好的原因，並不是房間不夠大，而是自己的心囿於房間大小。

首先就從內心的整理整頓開始思考吧。

整理要「定型」下來。

「整理，即改善日常生活。」

祖母如是教我。

貫徹整理整頓，生活中的白費工夫就會減少。

整理整頓，不是什麼特別的大事。也沒有「這樣就好了」這種事。

持續而行的秘訣，在於「定型」。

說到整理整頓，意外地有許多人會想到是將東西完美地收納起來。

收納的確很重要。但如果必要的東西無法立即順利取出，就稱不上宜居了。

「定」下一個物品擺放的「型」式，可以立即取出想用的東西。這樣就能養成整理整頓的習慣。

為此，必須要將東西做好分類。

思考「什麼東西、會何時、以怎樣的頻率去使用？」再考慮容易取出。先將東西分類，再設計收納空間。

有先思慮過取出的容易，那同時也會易於整理。

常用的放出來一點，比較不常用的放裡面一些。文具等用途相近的東西，盡量全收在同一個地方。

拿出、放入東西時不會有壓力，以如此的物品擺放型式為目標。

會用一種總之先放著的心情，隨手放在桌上、櫃子上或角落的，就是使用頻率高的東西。就要為這些東西規劃出一個好拿的地方。

越是實際感受到好拿，就越能長久持續這樣的狀態。

例如，每天出門的人，會將手錶、鑰匙、衣服刷等放在玄關附近的抽屜。確保一個乾淨清爽的空間，是只收這些東西的。

衣櫃則最好是將當季想穿的衣服放在容易取出的地方。而且要一目瞭然，一看就知道裡面有哪些衣服。大概放入可以刷地一聲迅速取出的量。

回家後，不要立刻收起脫下來的衣服，而要先仔細地用衣服刷刷過，再掛到衣架上放著。這也要固定一個位置。然後早上了才收起來。

鞋子也是一樣，穿了一天下來，當天要簡單地拂拭灰塵，放在玄關一個晚上。因為穿過還有濕氣，所以不立即收進鞋櫃。隔天早上再收進鞋櫃，穿另一雙鞋子出門。

像這樣，使每天的例行作業成為習慣。

為了讓這樣的流程能夠順暢，日常購物就要嚴格挑選，也要保持固定位置淨空。

如此固定了順序，整理就會「定型」下來。要牢記這個固定的物品擺放型式。

整理整頓的基礎，在於珍惜空間與物的心情。

吟味著這空間與物所呈現出來的樣子，一種感謝的心情便油然而生。

懷著一顆感謝的心，這就是那條通往整理高手之路。

裡面、背面，都要仔細做到。

松平家的孩子們，晚餐用餐後一定要收拾。

對盤子說：「謝謝。」

對廚房說：「謝謝。」

晚餐後的收拾，是用今天一整天的感恩之心做總結。

祖母說：「任何事物一定都有個順序。」

「碗盤要從背面開始洗。」

我問：「為什麼呢？從哪一面開始洗不都是一樣的嗎？」

祖母答：「從背面洗，是一種顧及整體的細心。從背面洗的話，表面會更乾淨美麗。」

廚房的打掃也有順序。

「打掃從角落開始」就跟這句話字面上的意思一樣，要從掃除角落堆積的灰塵開始做起。

擦桌子時也是一樣，要從角落這種不起眼的地方開始仔細擦拭乾淨。

這原則也可以用在打掃房間。

「不是粗淺地看過掃過而已，而是每個角落都要看到掃到。」

「不可從正中間最顯眼處開始。」

只要從正中間開始，人就會安逸下去，角落或抽屜裡通常就會放著不管。

不會整理的人，通常在他的房間角落或櫃子裡積滿了東西。

人啊，一整理起角落和內裡，不可思議地就會對表面的散亂敏感起來。

就算是很急的時候，就算是沒幹勁的時候，都要從角落和內裡開始。這麼做，你會突然發現連心也清掃一空。

招待客人時也是一樣。

不是從客廳開始整理打掃，而是要從玄關開始。然後是走廊、洗手間、廚房，最後才是客廳。

這是因為，客人總是會看到角落或房間裡面。

即使來不及整理打掃，或許客廳還是散散亂亂的，小角落細微處整齊漂亮的話，客人還是看得出平常的生活態度。

即便金玉其表，內裡的敗絮總有一天會浮出表面。

人心也是一樣。從內心開始整頓是很重要的。

首先，從裡面、背面開始。

保持通風。

松平家會注意要讓屋內保持通風。

孩子們每天早上，會被嚴格要求一定要通風換氣。因為一個有良好空氣流通過的空間，才能養出清爽的精神與健全的身體。

即使是寒冬也沒有例外，要打開所有的窗戶。

早晨，是一天的開始。通風換氣，然後去意識到今後。不論身處何時何地，都要謹記面對當下，展望未來。

我想，早晨的通風換氣，也體現出了松平家的這一面。

以現代防盜的觀點來看，開著整間屋子的窗戶也許是困難的吧。若是如此，便有必要加裝通風扇以使空氣循環。

祖母說：「閉上眼，感受風的流動。」

如果只開一扇窗，空氣是不會流動的。

打開了一扇窗，然後自己去確實感受從那扇開了的窗吹進的風流去了哪裡，再打開那盡頭的窗。

養成這樣的感受能力，就能意識到家中「氣」的流動。

另外，不僅是明顯的空間，儲藏室、櫥櫃內也要在天氣好時打開，以免濕氣滯留在內。

打掃不完全的地方或還沒有整理整頓過的房間，只要一讓它通風，就會想整理了。

不可以將空房間當成放東西的地方，然後總之不論什麼都塞進去。因為這會讓不好的「氣」積在裡面。家中只要有一個這樣的房間，心裡就總是會在意。

平常沒有在使用的房間，也要注意每天早上打開窗戶，讓它通風。如此讓全家都乾淨清爽。

抽屜裡也是一樣。

我還小的時候，要將洗好的內衣摺好放進去的時候，家裡是教我要從裡面開始放的。

讓抽屜裡的內衣先進先出，循環使用，也是讓自己保持乾淨。

垃圾和看完的報紙，也跟濕氣、灰塵一樣，不可堆積。

「空氣」和「物」都讓它有所循環，就能把良好的「氣」帶進身心。

Chapter TWO

時間

時間是會流逝的。
正因如此，才要安排時段，定下時間利用的形式。
然後專注其中。

安排時段，下定決心。

松平家的孩子們，用抹布擦走廊是每天的日課。

用完早餐，接著是用抹布擦走廊。在水桶內用力擰乾抹布，放到走廊上，兩手撐著一直線前進。

這出乎意外地難，只要一個不小心就會歪了。

歪了就會被說：「歪了就是因為心有旁騖。要專注。」

因為這是每天該做的事，所以都默默地排進每天的事項裡，不曾有過「不想做」、「好累喔」之類的反抗。

從小就每天持續這麼做，到懂事後早已成為習慣。

不會整理整頓的人，要持續到成為習慣。就因為想著要等等再一起做，才會覺得很辛苦。

一天內要安排一個時段作整理打掃，即使五分鐘也好。決定了時間之後，要確實記在手帳上。每天到了那個時間，就開始整理打掃，不要東想西想。

整理打掃的時間，不是「擠出來」的。重點是要排進行程裡。

將整理整頓排在睡前的人，可以將整理整頓想成是「為明天做準備」，如此就會感覺積極一點。

這一天的這個時間，就專注在整理打掃上。

當這成為習慣，整理整頓就會變得理所當然，再自然不過。就像刷牙洗臉一般。當整理整頓成為習慣，就算再累身體也會自己動起來。

話雖這麼說，但也許還是少有人能每天確實排出時間來。雖然想做，但太忙了而無法實行，結果就延後了。

如果無法依照行程去做，請不要責怪自己。那不是因為散漫，而是整理整頓的意識不足的關係。

首先，要感受到自己的時間是能自己管理的。

即使如此仍不太能投入整理整頓的話，那麼也許原因在於內心的紊亂。

心情紛亂，就有可能因此而無心整理打掃。

這種時候，要望著天空深呼吸。以全身去接收那片藍天，就會感到自己活在如此美妙的大自然之下。

很奇妙地，自然而然就會覺得，為了要在這片大地上生活下去，整理整頓是必要的。然後，心中充滿了感謝與愛惜自己的悸動。偶爾借助自然之力，這也是日本人自古以來傳承至今的智慧。

若能下定決心，每天的整理整頓就不會是苦的。就能有個好心情，以感謝的心去過每一天。

專注。

「只要開了一個抽屜，就要專注在那上面。」

在松平家，重複強調不論何時都要專注在眼前的事上。

假如把一天比喻為櫥櫃，時間就是抽屜。

即使想開別的抽屜，也要徹徹底底地專注在目前的事情上。

時間的品質，是取決於此的。

排不完的預定，不可硬是塞進行程內。這也想要、那也想要，

這樣貪心的話反而會遺漏了重要的事。

在松平家，一天的流程是已經決定好了的。

從早上開始，該做的事情就一項一項去完成。

早餐用畢後，用抹布擦走廊。走廊擦完後，讀書以及其他預定，都像依順序打開櫥櫃的抽屜一般，逐項確實完成後，才執行下一個預定。

整理整頓時也是，一旦開始整理整頓，那段時間直到結束都只專注在這件事上。

一項一項完成，這是訓練集中注意力。

我們生活在一個非常忙碌的時代。

就算想慢慢閱讀一本書，總是會有電話打來，或電子郵件來信提醒，實在不太能夠專注。

以前沒有洗衣機的年代，是用洗衣板親手搓洗。雖然比現在還花時間跟功夫，但能夠那段時間只專注在洗衣這件事上。

而如今只要按下洗衣機的按鈕，就可以轉過身立即投入其他事情上，等洗衣機響起提示音告知洗衣結束，又要再回到洗衣機這邊晾衣服，如此匆促。

世事的組成，讓人越來越無法專注在一件事情上。發明了洗衣機、吸塵器、電腦及手機，生活變得便利，但我們也被一堆事情追趕著，一回神才發現同時開了兩、三個抽屜。

連自己也搞不清楚自己到底在做些什麼。經常就會陷入這樣的局面。

不可以分散注意力，這也想要、那也想要地三心二意。

開了一個抽屜，就要徹底專注。

如此堆砌時間，才會引導至美好的人生。

當心裡跑出了對其他抽屜的雜念，那就靜靜地關上那個抽屜吧。

時常思考
時間的意義。

松平家常說：「要珍惜時間。」

當我還是個孩子，若在習字時停下手眺望外頭發呆，祖母就會問我：「現在是作什麼事的時間呀？」

「習字的時間。」

「那妳剛剛在寫字嗎？」

「在休息……」

分明是習字的時間，但不知不覺就分心了。明知要習字，中途不小心就發呆了。

這時候，祖母會當下告知我：「自己要意識到現在自己在做什麼，這是很重要的。停下了手，這樣這時間就不是習字的時間了。若再如何都會分心，那麼妳要好好想想為什麼會分心。」

如果有其他吸引注意力的事，那就停止習字。

在習字的時間中會無聊、厭倦，那代表習字對自己來說已經沒有任何意義。

無法集中、覺得無聊，這是常有的事。

小時候參加附近的兒童會[2]，有時會心不在焉。

「等等回家，要做那個、要做這個……」開始在想別的事情，無法樂在其中。

回家後，告訴祖母這件事後，祖母說：「這種時候就要靜靜離開現場。」

腦中開始在盤算別的事情安排的話，那麼再繼續待在現場，也只是平白讓寶貴的時間流逝掉罷了。

學生時期也很容易在課堂上煩躁，想著「早點結束就好了嘛」。這時候可不能中途離開。

這種狀況，祖母會說：「要思考讀書是有什麼樣的目的。不要空度，而要去思考那段時間的意義在哪裡。」

給時間賦予意義。做到這一點，「無聊」、「早點結束就好了嘛」的情緒就會消失而去。

如果能讓現在這個當下是有意義的，人生就會是發光發熱的。

思考時間的意義，並不是時常保持忙碌。喘一口氣的時間也有其意義。休息，是為了走更長遠的路。

任何時間，都要思考其意義，並下功夫好好使用。

如此堆砌時間，才會讓你成為美好的人。

2兒童會：日本地方性的組織，有附屬於自治會之下，也有由公立小學組成。以兒童健全成長為目的，舉辦課外活動。

用心讓時間用於美好。

祖母是與「時間」保持距離的人。再如何忙碌，我都不曾見過她慌張匆促的樣子，也不曾見過她在意過時鐘。

遲到時，她會道歉「真是非常感謝您等我」，接著一切都一如往常。遲到的人、等待的人，都從容不迫。

當我因為快遲到了而慌慌張張地要出門時，祖母會要我注意：

「不可奔跑。」

我：「這樣會趕不上約定的時間啊。」

「奔跑的話頭髮不會亂嗎？氣息紊亂、汗水淋漓的那副樣子，對對方是更為失禮的。心裡要保有一份餘裕。」

有欲速而不達這種事。

不被時間之流推著走，而是一項一項完成自己應為之事，這就是祖母的姿態。

時間的餘裕，跟心靈的豐富有相關性。

在松平家，見人有難就會出聲詢問：「您怎麼了呢？若有我能幫上忙的，請儘管開口。」

美麗的舉止，是存在於從容的時間之中的。

客人來了，就要先問候，再慢慢低下頭、慢慢抬起頭。切不可急切地同時進行問候與動作。

客人要打道回府時也是一樣。恭敬地送別，然後靜靜地在門口目送對方直到看不見了為止。時間是如此花在心意上的。

現在則大多是：道過「再見」，就立刻匆忙趕場「好了，下個預定」，像切換開關一樣。也讓人不禁聯想到，像是在比賽誰能更有效率地使用時間。

有時候，品味餘韻也是很重要的，那是日本獨有的一種美好的時間使用方式。

電子郵件也是一樣。寄送信件能夠如此簡便雖然是好事，但人們說看過後就要立刻回信才是禮貌。所以總是被回信這件事追趕著。

信件呢，寄達對方需要數日，所以回信寄達還是很以後的事。收信方也是悠哉地等著，所以只要沒有特別重大的事情，就不用急著寫回信。

寄出信件後，細細品嘗那寄達到對方之前的心情。想像對方看完信後的心情、等待對方的回信，這樣「品味時間」也是豐富人生的一部份。

有些事情，只有在從容的時間內才能做到。堆砌美好的時光，如此才會構築美好的人生。

時間，是用來過上幸福快樂的人生的。

當看到有人總是匆匆忙忙，就會想：房間內是否都沒有在整理？時間如何運用，會塑造一個人的品格。

我在上大學以前，不被允許戴手錶。因為長輩說沒有必要。

我戴著手錶——那是為了祝賀我考上大學而送我的——要出門

時，祖母喚住我：「與人見面時，要先拿下手錶。時間是用心去感覺的。」

「這是難得買給我的手錶耶，為什麼呢？」

「戴著手錶，就好像很在意時間一樣，對於對方是不禮貌的。即使沒時間了，也不能讓對方發覺到。」

不論再怎麼忙，都不可表露於外，這就是松平家。祖母常對我說：「要做好表面功夫。」

雖然人們會將直接形容為表裡如一，但在松平家，鼓勵我不論再如何疲憊，在人前都要精神奕奕。

時間也是一樣。再怎麼忙都不能讓對方看見忙碌的樣子。要做好表面功夫，從容地接待。

取下手錶，這是對於對方的尊重與在乎。這會傳達給對方一個訊息，便是在這會面的時間內只專注於對方，別無其他事物。

在商業的世界中，似乎崇尚表現出忙碌的樣子。總是在意著時間，覺得取下手錶真是豈有此理。

似乎也有很多人，只要有某一天沒有任何預定行程就感到不安。之前都瞧著排滿行程的手帳享受充實感，但只要有某一天沒有行程就會焦躁起來。這難道是因為認為塞滿了行程，便是自己被社會所需要的證明？

也許，由忙碌的自己去看著這個「社會」，就會有這種感覺。這社會，任誰都在互相競爭，看誰比較忙。

思考一下「忙碌」的盡頭有著什麼吧。

是否失去了人心呢？

以更寬廣的眼光來看的話，會發現社會並不只有忙碌的那一面。感覺看看，更從容地、細膩地活在當下吧。

可以沏一壺好茶慢慢品味，也可以專心投入整理整頓。

時間，本來是如此美好的東西。

重新掌握自己的時間吧。

不要被填行程所綑綁。

「時間」，是為了讓人活得幸福快樂而存在的。

時間，是自己的資源。

做如此想，時間就會漸漸轉變成有意義的。

意識到事物的「季節」。

祖母俊子嫁進松平家，是在十七歲時。她成為妻子、母親之後，依然對社會關懷。關東大地震時，她率先在紅十字醫院擔任救護。

早先一步引進洋裝，也曾擔任過推廣普及的事務。她也踩踏縫紉機親手做洋裁，被新聞雜誌廣為報導，留下一本著作《縫紉機，裁縫的夥伴》。

她親手做的西服，收藏於日本橋的百貨公司白木屋，受到客人讚賞。

她立於時代的尖端，事業扶搖直上，精力充沛地活動於社會之上，但進入四十歲後，想總結至今為止做過的事，而不再從事新事業。

就任昭和女子大學前身的日本女子高等學院校長，是在四十一歲時。而對祖母俊子有著巨大影響的是曾祖母鍋島榮子，歌詠榮子的歌至今仍刻在石碑上，保存在學校內。「只願本校教誨長存，便不再有迷途之人」。我想，教育事業，對熱中學習、也熱烈助人的祖母而言，是非常適合一個人生段落的事業。

工作也好，人際關係也罷，某個時機來到了就不過度擴張。不隨好奇心所向而動。祖母自己選擇了這樣的人生，是非常豐足的生命之道。

另一方面，我的母親在四十歲時創立了販賣珍珠的公司，如今已然成為家業。母親的身上有著那個年代的影子。畢竟母親曾將律師當作目標，所以具備了相當應對能力吧。但繼承母親事業的我，卻也無法像祖母那樣爽脆。

祖母教我的事，是將人生中的起承轉合想成一個個的段落。

「去想如何在每個人生段落裡樂在其中。」

「段落」，也可以將之比喻為季節。

我自己在工作上，目前還在身先士卒地工作著。以季節比喻來說的話正是夏天。協助母親工作那時是春天。接著在幾年內，會迎向秋天。因此，現在正是思考在工作上能夠做到什麼成果的時候。

以春夏秋冬來看，祖母的人生在四十幾歲前是夏天。四十幾歲後是結實纍纍的秋天，進入了收穫的季節。

人生中也有著也想要、那也想要的貪心時期。那是體力充沛、精神飽滿，向前大步邁進的時期。那樣的時期能持續多久，又會在何處告一段落呢？

人生的長短因人而異，但過程中的起承轉合，譬如工作、家庭、戀愛等，比喻成季節去看的話，就能呼應季節來做內心的整理整頓。

享受目前身處的「季節」，並期待地等著下個「季節」的到來。

「季節」的長度並不是重點。

想竭盡心力做到問心無愧的心意，才是最重要的。

要時常體認到
現在才正要開始。

那樣的祖母，行雲流水般順應天命，接受衰老。

過了九十歲，她有一次骨折而住院。好不容易恢復了，我對她說：「可以走了唷。」

但她卻躊躇猶豫：「我還不能走。」絲毫不肯下床。難得見到祖母像個小孩子一樣，說「好可怕」、「我不行」。

然而周圍的人依然鼓勵她：「不會有問題的。」「能走的。」

聽著聽著，祖母平靜地說：「我已經這把年紀了，看來是該聽聽別人說的話了。」便從床上刷地滑下來，站了起來。

聽進身邊的人的話，自然地做好覺悟，這真是非常美的姿態。

祖母總是能轉換心境，將現在這個當下作為起始點。

她時常將當下當成是開始。

一旦以嶄新的心情跑起來，就總是能往前邁進。

老去的時間，是為了轉生做準備。

死，是轉生的開始。

在松平家，每年元旦都會將一家子都聚集起來說說自己對新年的抱負。

聽著這些抱負的父親和祖母，會對每一個人說「請加油」。從不說「那不好」或「再多這樣做一點」。

回顧過去一年，就在這大掃除的時候就已經完成了。過了個年，就要放眼新的一年。這就是松平家的傳統。

對松平家而言，歷史有時候是殘酷的。

松平家也曾被新時代、新制度擺了一道。但我們仍沒有沉浸在過去，追問「為什麼」、「怎麼會」，而是時常告訴自己，現在正在起跑點上，一路走到今天。

如果我們也能將當下都當成正要開始，那麼我們就會勝不驕、敗不餒了。

如果現在是谷底，就把現下當成起跑點就對了。

衰老，其實也是新人生的開始。

要是感到衰老，就要像祖母那樣，將當下當成是又一個起跑點。

這不只是關於自己本身，對於擔負照顧親人的人來說，如果能接受衰老是新人生的開始，心就能平靜下來。

祖母晚年，眼睛不能視物。即使如此，祖母仍說：「我自有心眼。以心眼所看見的這個世界，也是非常快樂的。」從未見過她為此愁眉苦臉。心眼，就如其字面，指心之眼。

接受現實，並從現況開始。即使行將就木，祖母仍以現在才正要開始的心情，幸福快樂地享盡天年。

思考人生該如何結束。

這是祖母去世時的事。佛堂裡，放置著祖母的遺體，前方鋪著祖母愛用的坐墊。早上不經意一看，剛好看到一隻很大的黑斑蛙，坐在座墊上盯著祖母。

我嚇了一跳，牠是什麼時候跑到那裡的？那個樣子，彷彿就在向祖母傳達著什麼，又像是靜靜地為她獻上祝禱一樣。

那過了多久以後呀？一回神，牠已消失無蹤，如同來時一般。

那青蛙，是不是祖母曾照顧過的人們的靈魂所化？是否他們為了致謝而前來？我是這麼想的。

祖母在四十一歲時，以親善大使的身分前往當時的滿州（今中國東北），向當地日本人演講。她所說如下：

「據傳古代中國高僧，是認著沙漠中的白骨一路去印度取經求法的。而他們也做好覺悟，自己也會成為白骨路標，賭上性命去追求佛道。

我自己也每天精進努力，祈願自己也有這麼一顆尊貴的心。

若能成為各位後進的路標，縱使此身化為白骨，我也將樂於獻上自己。」

祖母決心「盡力為人」，而她也終其一生奉行此道。

在九十四歲的生涯中，該完成的事都全數完成，心無罣礙地往生。

最近常常聽到「終活」一詞。這是一種為了人生終點所進行的活動。

也有越來越多人寫成終活筆記（Ending note），交代葬禮事宜、身後遺物與財產如何處置等。這也可以稱為一種人生的整理整頓吧。

祖母沒有預先準備好遺照或遺書。關於葬禮，生前也沒有口述交代。上了年紀也沒有給身邊的人帶來負擔的祖母，不曾擔憂過身後事。就在某一天，彷彿蒙天寵召一般，安詳地上路了。那，就是祖母所希望的。

啟程的準備，我想應該不只是寫好終活筆記、交代好身後事。

比那更重要的，我想是能為後人留下什麼吧。

祖母之墓，由五輪塔所守護。

這五輪，相傳由下而上分別代表地、水、火、風、空，但祖母告訴我，最上面是宇宙。死後不是回歸大地，而是前往宇宙。

讀者諸君一定也能迎來，像祖母啟程前往宇宙那天那樣的清爽早晨。

Chapter THREE

物

物，要常保一定的量。
要有覺悟，得一，就會捨一。
即使失敗，其後悔亦將成為財產。

不回首過去。

比起回顧過去，松平家更看重今後該如何活。
每年年底的二十九日，會清查所有的物品。
幫傭會放好我的所有物，讓我自己分為要的與不要的兩邊。
要過年，就一定先得做這件事。
被分成「不要的」那邊，就處理掉。
這是發生在我小學二年級時的事。
我誤將學校還要用的國語課本分到不要的那邊。
過了個年、新學期開始前夕我才發現這件事。都開始上課了，我的桌子上卻沒有課本。

老師問我：「松平，課本呢？」

我只能回答：「忘記了。」

這樣三番兩次後，老師終於打電話到家裡來了。

接到電話的母親回答老師：「課本丟了，是我們家的女兒自己說不要的。所以老師，請要她把課本背下來。」

母親斷然說道：「這是她本人的責任，我也沒辦法。」

老師覺得那也太嚴厲了，最後便給了我一本課本，說：「不要跟媽媽說唷。」

一旦決定「不要了」，就絕不回頭。在這一點上，松平家做得極為徹底。

「不會整理」的理由其中之一，是不是就是心裡會想著如果有一天後悔了呢？

雖然覺得不要了，但又會想「說不定哪天又要用到」。

不想要之後才後悔「有那個的話現在就好了」。

但是，其實不論過了多久時間，會後悔的還是會後悔。

只要接受事實「那時候以為不會用到了，原來錯了」，然後就不要再回頭。

後悔，會使人強大。後悔，是為了財產與成長而存在的。

分類要的與不要的，這項作業也是在確定自己。

自己是將什麼看成重要？今後要做什麼？

當迷惘消逝，曾經模糊朦朧的理想自己則會清晰可見起來。

不要害怕失敗，勇敢前進吧。

以理想的自己作為取捨抉擇的標準。

松平家的孩子被教育：「對物的取捨抉擇，是一個人的生活技能。」

空間與物的數量，肯定是不能隨意增加的，所以在得到的時候，就會花時間細細品味。

對於這樣挑選來的物，才會有深深的感情，愛惜地使用它。

當我要買衣服時，祖母總是會說：「現在這一件衣服，是適合妳理想中的自己所需要的嗎？」

這問題是要我透過想像「理想中的自己」，並能依此下一個好的判斷。

譬如，想像一下自己想要做什麼事。

「想努力學英文」、「想成為品味高雅的女性」等等，什麼都可以。

若浮現不出理想中自己的樣子，那麼就要更加具體地想。

如果是「想努力學英文」，那麼這件衣服會想要用於什麼場合呢？

「想要在國際交流的場合上積極發言」，與「想成為翻譯家，靜靜坐著讀書」，兩者用處不同，在之後衣服的挑選上就會不同。

若是「想要在國際交流的場合上積極發言」，選擇能映襯膚色的連身洋裝可能會比較好吧。

若是「想成為翻譯家，靜靜坐著讀書」，選擇不會讓肩膀僵硬痠痛的編織類衣物會比較適合。

整理衣服時也是一樣。

即使是以前常穿的裙子，如果不合於目標中那個理想的自己，就可以丟棄了。

沒有什麼「一輩子的衣服」。

人，是每天都在變的。

像這樣想像「想成為那樣的自己」，不只是衣服，對所有的物都能越來越精明地挑選。

養成精準的眼光，挑出能為自己的人生帶來美好結果的物。

取捨抉擇的標準，就是現在理想中自己的樣子。

時常念及理想的樣子，整理整頓也會越來越進步。

雖然不合於與自己想像的樣子，但無論如何就是想要達到目標。當發現了這樣的事物，或許是一種警訊，提醒著自己現在正追求著某種新事物。

也有可能使自己發現其實想辭掉現在的工作，去挑戰新事物呢。

以前從未曾意識到的那個「理想的自己」，輪廓會逐漸明朗的。

要進，先意識到出。

祖母常說：「任何事物，有進，就一定有出。」

小學時，很羨慕朋友的筆盒，就說了：「我也想要一樣的東西。」

於是便被祖母喚過去，問道：「現在的筆盒哪裡不好呢？」

「……」

我很羨慕朋友那個秀氣的紅色筆盒。

彷彿看穿了我的心思，祖母說：「妳是不是只看見事物進而已呢？妳要看看事物的出。」

所謂的「出」，是指到它破損之前，能不能愛惜地使用？我明明還有能用的筆盒，卻迷上了新筆盒，滿腦子都想著它。

欲求某物的「進」，這是對物的執著。

對於物，雖然有必不可少的時候，但也有「因為某人有」或「想要電視雜誌介紹的那款」這樣一時的物欲衝動。

現在，我有想要的東西時，一定會想起祖母的聲音：「有出嗎？」

購物時只看見進，如此就會堆積了不必要的東西。這樣的購物，沒有想到實際用途，也沒有想到它能起什麼作用。

身為女性，尤其在買衣服時要意識到出。

我去巴黎時，當地的人告訴我：「日本人通常都照櫥窗模特兒的穿搭整套地買。」

似乎是對自己搭配服裝沒有自信，於是就照著模特兒展示出的樣子買了。不過，這樣買下來，那件衣服就只能那樣整套搭配了。總有一天會失去出場的機會。

這件裙子，跟自己有的那件毛衣有搭嗎？跟夾克有配嗎？像這樣思考穿搭，就是一種「出」。出場機會多了，就能使用得更久。

有了它就會很方便的創意商品，或最新款的電子產品，有時候這些東西一聊起來就興致盎然，結果就有了購買的衝動。

然而，細細深入思考「出」，就會發現雖然方便，但其實不常使用，或是使用方法難到根本學不會。入手甜美誘人，但是自己實際生活裡卻沒有好的「出」。

你的房間裡，是否也堆積著看不見「出」的東西呢？

過了生命週期的，就讓它去吧。

有一天，有位客人造訪祖母。

客人說：「請人鑑定母親遺留下來的和服，說是有幾件很有價值，於是我無法丟棄那些和服，深受困擾。」

那位客人接收了雙親的遺物，由於為數過多而正苦惱著。常幫人指點迷津的祖母於是便問說：「您說的價值，是由誰決定的呢？」

「是鑑定師。」

「您有沒有穿著那些和服出外過呢？」

「……」

「任何事物都有其生命週期。對您而言那些和服是否過了生命週期，這要再好好想一下。然後，才判斷要留，還是要丟。物品的價值，不是由旁人來決定的。」

任何事物都有其生命週期。

常穿出門的喜歡的衣服、鞋子，是當季，正值生命週期的巔峰。出門時，就是想選它。這樣的物，是活躍的。

以前很常穿戴的，但漸漸就不選它了。很遺憾地，這樣的物就是過季了。

也有一些物是沒有明顯生命週期的。例如生活相關的文書，像是區公所的「通知」、孩子學校的「聯絡單」、跟興趣有關的資料等等，不知不覺間便堆積如山，常意外地發現那些佔據了家中一塊地方。

整理這類東西最有效的，就是檢視其生命週期。

首先，先將物品分類為現在、過去、未來，並貼上三色標籤，像是現在的物品貼粉色標籤、過去的物品貼藍色標籤，以此類推。

自治會本年度的名冊是「現在」，去年度為止的名冊是「過去」。如果將來有建設的計畫，那麼那些必要的資料都是屬於「未來」。如此分類。

即使是現在分類為「未來」的，總有一天會成為「過去」。生命週期的檢視是每年例行的。

跟文件一樣容易堆積、無法輕言捨棄的，還有照片及賀年卡。畢竟這些是不會再來一次的，所以難以割捨，這種心情我也很了解。似乎也有人認為照片是尤其不能丟的，但若一輩子累積下來，這些照片會怎麼樣呢？

過去的回憶就珍藏在心中。

請將心思放在當下的快樂之上。

身邊都是在生命週期內活著的物，如此活著才會邁向豐收的人生。

備齊適合年齡的三樣物品。

我常聽聞，明明衣櫥裡滿是包包、手錶、配件，但臨出門時還是找不出能穿戴的，而慌慌張張。

因為那不是先備齊像樣的物品，而是湊合著買，於是物件徒然增多。

祖母在我二十歲時，為我準備了小手提包、扇子、手套，以及蕾絲手帕。

當時，女性出席正式場合時，要戴著手套，手拿小手提包及扇子，包包中一定放有蕾絲手帕。

雖然不可能立刻就有出席正式場合的預定，但祖母說：「妳要成為配得上這些物品的女性。」

要做好心理準備，穿戴上這些物品，就要有配得上它們的言行舉止及用字遣詞，能出席那樣的正式場合。

言下之意，是要養成成熟女性該有的品格吧。

江戶時代的武士，非常注重自己的儀容，與戰亂頻仍的年代不同，一個人的服裝與舉止會透露出這個人的本性。而對大人物的尊敬，也是透過服裝與舉止來表現的。

尤其是袴[3]，是僅有世襲武士獲准穿戴的禮儀服裝，因此伴隨主君時，穿在身上的袴一定要是摺痕整整齊齊、一絲不苟的。

有禮貌這個說法，正是由此而來[4]。

生於武士之家的男孩，會舉辦著袴禮，盛大慶祝初次穿上袴。

然而今非昔比，調整舉止談吐以符合年齡或立場，這樣的感覺逐漸淡去，似乎也有許多人認為內在比較重要。

不過，我仍認為一位有意識到格調的女性，要準備好與年齡相稱的物品，這是非常重要的。

3 袴：中文音同褲，日文發音為hakama。原為武士階級使用，後逐漸成為男性傳統禮服的下裳。明治時代以後，亦出現女性穿著的袴。

4 折り目：原意為摺痕。此處「有禮貌」日文原文為折り目正しい，字面上的意義是摺得端正整齊，引申為有禮貌。

畢竟，也有許多時候是由外而內的。

對於現代的女性，什麼才是必要的呢？

手套、扇子已不如從前那般必要了，現在應該是稍小的晚宴包、珍珠項鍊、手錶這三樣吧，但未必要是非常貴重的。

首先，重要的是能讓人看起來有個莊重的樣子。

配得上這些物品的女性，是什麼樣的女性呢？這麼想著，心態就會有所轉變，漸漸地談吐高雅，也會注意讓舉止優雅美麗。

這，就是成熟女性的涵養。

縱使一年內只有幾次才會用到這些物品，但它們能讓人在匆忙之間，只要配戴起來，即可從容應對重要場合，如此就會在心境上保有一份餘裕。

不合適的飾品，就丟了吧。

在松平家，教育我們所謂的配件，是一種為了與人見面的用心。

祖母雖然不會將自己妝點得華麗氣派，但她與人見面時一定會配戴飾品。她說：「與人見面時，沒有配戴飾品，就跟沒有穿衣服一樣。」

與重要人物會面時，不可能就穿著沒燙的襯衫去。穿著燙得筆挺的襯衫，以表示對對方的敬意。

同理，配戴飾品也是一樣。沒有配戴飾品，簡直是對對方表明自己只打算用這種程度的心而已。

或許以男性的「領帶」來想，會比較好理解。出於對對方的尊重，而配戴飾品，打扮自己。

此時，希望讀者能注意的事，是不要過於引人側目。

配戴有著大顆鑽石的項鍊，可能會被說：

「這是真的嗎？」

「這應該很貴吧。」

從對方口中不經意地脫口而出了這句話，恐怕這代表的是，只有那條項鍊特別醒目吧。

雖然鑽石如此貴重，但這樣卻反而沒有達到它的職責：表示出對對方的用心。

即使是頂級品牌的產品，一被對方識破：「這是某牌的對吧？」那就沒有意義可言了。

只有飾品突出醒目，那其實是反效果。

如果飾品配戴合宜，那麼自然會得到對方的讚美：「今天也很漂亮呢。」

會這麼說，是因為不只飾品，而是包含了自己本身都受到了讚賞。

請明白，飾品，是一種與對方溝通的橋樑。飾品挑選得好，就能讓整個場面都和諧融洽。若感到抽屜裡明明已經放滿了飾品，卻沒有合適的可以配戴，那麼就狠下心丟棄吧。
飾品有些微差錯，就會嚴重破壞了整體。
今後只留下自己真的覺得好的、真的適合自己的飾品。
比起擁有許多飾品，擁有能帶來自信的飾品更為重要。
配戴那樣的飾品與人會面，自然會養成品格。

知道什麼才是適合自己的。

在成長過程中，松平家教育我們：「欲得，首要知己。」人的一生當中，大至就業、結婚等人生重大階段，小至今天穿什麼、吃什麼等日常瑣碎，都是一連串的選擇。

我還是學生時，向祖母討論過這件事。

「我每天早上都不知道該穿怎樣的衣服出門才好。」

「怎麼會不知道呢？」

「出門前看看鏡子，總覺得不搭。」

「知道今天是為了什麼而出門、要去哪裡、跟誰見面，就會知道穿什麼好了。但在那之前，是不是全然不清楚什麼才適合自己，就買了衣服了呢？」

祖母十分清楚自己適合什麼。

雖然她年輕時趁早引進洋裝，有著前衛時髦的一面，但過了六十歲後，則傾向於適合銀髮的灰色或黑色西裝，給予人們素雅大方的形象。

我覺得那樣沉著的色調，完美演繹出祖母的氣質。

外出時，則喜愛配戴珍珠做為飾品。

「我就戴這個吧。」沒有任何猶豫。

的確，灰色西裝和珍珠這樣的搭配，非常適合銀髮的美麗祖母。

她穿在身上的顏色總是適合她的。

我的話則是白色。不過，也不見得任何白色都適合。會因為色澤與材質，而有不適合的。雖然都是稱為白色，但其中還是各異其趣。

仔細觀察自己的膚色、髮色，再試著深入研究各種組合搭配。

如此找出自己適合的色調，再將它打造成像是自我品牌一樣的形象。

或許會有人認為「那個人老是穿同個顏色的衣服」，不過，只要有人覺得「說到松平小姐，就是白色」，那麼自己的形象就會更加鮮明。

只要有幾件真的適合自己的、讓自己內心更加豐富的衣服就足夠了。量不必多。

為此，首先就從了解自己開始吧。

好好對待有季節感之物。

松平家的茶碗，有分為夏季用與冬季用，並依季節更替。
夏季，選用開口較大，厚度較薄，色調清爽的茶碗。
冬季，則選用開口較小，色調較為穩重的茶碗。
夏季用的茶碗開口較大，是因為顧慮到熱茶較易冷卻。
反之，冬季用的茶碗則較不易失溫。
初夏時分，會將冬季用茶碗換成夏季用的。當秋天開始，則將夏季用茶碗換成冬季用的。

如此替換茶器，能讓來訪松平家的客人也能感受到季節的變化。

由於有兩套茶器，比起只有一套茶器東西就多了。既需要收納的地方，替換也要花時間。

松平家並非一味以減少東西為優先，而是著重於對物的運用。而整理整頓，就是為了能順暢地運用。

還有像正月過年、女兒節或端午節等，也要依各個節日的慣例準備應景之物。

正月過年要準備擺滿了御節料理的多層漆盒、漆盤及飲用屠蘇酒的酒器；女兒節要擺飾女兒節娃娃；端午節則要擺飾頭盔。這些也是過節時要拿出來，節日過了就收起來，周而復始。

或許有人會覺得，在整理上重要的是東西能少就少。的確，東西少了，整理起來就變得比較容易。不過，我卻認為那樣是無法讓人生更加豐富的。

即使是一年也就用那麼一次的物品，如果那是能讓生活豐富有趣的，那麼就好好地收起來。不要讓它沉眠在櫥櫃裡，要用它，讓它的生命發光發熱。

日本是個四季如詩的美麗國度。在這裡出生長大的日本人，深知品味風花雪月四時美景。

據說從幕末以至明治，來訪日本的外國人都驚訝於日本人如此彬彬有禮、虛懷若谷。也有外國人對日本這樣愛好自然、順應四季的生活方式，感到乾淨清爽。

季節與時間，都是會流逝的。

日本人尤其深知如何接受這些。依著季節更換茶碗以分別；透過逢年過節，感謝各方成就了如今的自己，也祈願身邊的人皆能健康又福氣。

如此，感受著季節的腳步，整理自己的心。

禮物，是在收受的那瞬間最有價值。

松平家經常收到人家贈送的禮物。很多是客人的伴手禮，或季節中的問候。收到的，總是很快就處理它。也不會因為特別珍稀、特別貴重，就特別收藏起來。收到少見的點心，就拿出來招待來訪的客人。

我小學時的朋友，長大後再見面時，說：「小時候去松平家玩，竟然有哈密瓜和生火腿呢。那時候我還是第一次見到，也是第一次吃到。」

哈密瓜、生火腿，在當時都是很少見的。那不是買的，而是人家送的。松平家不會藏著只給家人吃，而會拿出來分享，即使是來家裡玩的小學生也不例外。

那絕非粗糙地對待人家贈送的禮物。

收受了贈禮，在當場立即向對方表示歡喜，這才是禮貌。

自小便受如此教導。

送禮的人，是將他的心意與感謝包裝在禮物裡。收禮的人感到這份心意而立即表現出來，如此雙方的心意就能交流。

只要能讓送禮人與收禮人心意相通，禮物就已經充分完成它的任務了。

在那之後，不必在每天的生活裡持續不斷地一直感謝。

我有一位朋友，新居落成時，有人送來座鐘作為賀禮。那位朋友說，由於沒有地方可放，平常是將它收著，那位人士來訪時才拿出來擺在顯眼的地方。

他應該是認為這樣才稱作禮貌。

送禮的那一方，肯定深信對方很喜歡自己的禮物吧。如此一來，一有什麼值得慶賀的事，或許又會挑選同樣的禮物來送。這樣真的好嗎？

真的喜歡，就持續使用；若不喜歡，也不必勉強。

禮物，是在收受的那瞬間最有價值。

珍重對方的心情，與珍惜使用禮物，這是兩碼子事。若將與對方的關係牽連到禮物上，那麼物品再怎麼老舊，都無法處理掉了。

要高明地與物相處，就要聰明地將物與心意分開來看。

Chapter FOUR

金錢

不要再揮霍無度。
錢要花在對自己有價值的事物上。
朝著這樣的人生邁進吧。

磨練看出好東西的感受力。

購物時，每個人都有各自的基準。

以質樸儉約為家風的松平家，卻也不是將節省作為第一優先。既非斤斤計較著少花一塊錢也好，也非什麼東西都要用到破破爛爛。

祖母教我，所謂的「質樸儉約」，其目的不是節省，而是為了能取得真正認為好的且必要之物。

為此，平常就會要我們思考物的價值。這樣在我們購物時，便會挑選真心想要的，而長久珍惜使用。

我在買東西時，不會先看價格。

因為看了價格，會先入為主而以價格去判斷物的價值。價格，是由人定的。然而，我們應該優先考慮自己所感受到的價值。物的價值，並非貴就是好、便宜就是不好。它與價格是不成比例的。

有些人則以某種基準判斷是得亦或是失。

「這戒指還頗划算的，先買起來吧」、「這項鍊好便宜，現在不買就虧大了」像這樣當場反射性地就買了。

這種購物方式買來的物品，大多數後來就不去使用它了。

一邊盤算著錢包裡有多少錢一邊購物，這樣的購物也是失敗的。

配合錢包裡的錢來挑選商品，這樣找到好東西的喜悅就會淡了許多。

反之，一味地心血來潮就買，也無法找到真正的好東西。

不是鼓吹「盡量去買昂貴的東西」。

養成了先看價格的習慣，如此一來在選購時就會失去「這好棒喔」的感覺。

過度在意價格，反而無法練就精明用錢術。

為了哪天會找到自己真正覺得好的東西，平時就守著質樸儉約的原則直到能購買的那一天到來。

如果身上錢不夠，那就忍耐一下，靜待時機。

真正想要的東西，應該也就有為它等待的價值。

至少，慢慢一步步地補齊那些真正對自己有價值的東西。

購物時能坦然面對覺得東西很好的心情，這就是能發覺好東西、耐用的東西的秘訣。

敬請看重自己的感性。

知道自己的平衡點在哪裡。

祖母是很會用錢的人。她深知自己所需為何，因此從不花冤枉錢。

她絕不打腫臉充胖子。人家再怎麼勸說推銷，她都有辦法委婉地拒絕。

緊急時刻，為了他人而付出金錢也不以為苦，甚至有時候會很慷慨地去協助與支援。那樣的時候也很自然，不會自以為很偉大。

因為她深知自己的「平衡點」。

也就是說，她很清楚該如何用錢才會維持自己的平衡。

無法平衡的金錢使用法，是怎麼回事呢？

當商家擺出一萬元與十萬元的鋼筆，由於大多數人都是很有眼光的，明白十萬元的比一萬元的好。

此時，自己的預算只有一萬元，卻怎麼也想要十萬元的，就會想「去貸款吧」、「拿存款就能買了」，再勉強也要購買。

這樣子，就是失去了自己的平衡點。

十萬元的鋼筆真是想買得不得了，絲毫無法抑制這樣的衝動，這也就是說，以為能買到這鋼筆，自己就能更體面了吧。

想撐面子的時候，有時候就會不小心買了不相稱的東西，像是想盡辦法勉強買了昂貴的包包或寶石飾品。越是勉強，就會越想受到他人的讚美，於是顯露出炫耀的態度。

勉強買了昂貴的東西，會在不知不覺間磨耗掉自己的財力。

反之，也有人是明明收入頗豐，卻將節省擺在第一順位。一毛不拔的人，將禮尚往來或生活情趣視為浪費錢，如此再有錢也不會用得高明。

這兩者都沒有取得平衡。

找出自己的平衡點，就能明白在多少的範圍內是可以調度的。了解了這一點，偶爾「就想買這個」的衝動購物也是可以的。

清楚自己的平衡點，就不會失去自我。

所謂的平衡點，並不是像每個月零用錢那樣訂定一個數額，而是一種平衡感。

重要的是，自己平常的生活型態，以及有什麼樣的興趣、今後想做些什麼？

若能高明地整理自己的內心，自然會找出自己的平衡點。

不填寫家計簿。

以前有一本書「武士的家計簿」曾蔚為話題。其後還搬上大螢幕，我想許多人還有印象。

從小，我沒有看過松平家填寫家計簿。

因為只要一填寫了家計簿，就會模糊了物的價值。

我到結婚之前，全然不知道家計簿為何物。反正也沒有在領零用錢，所以從沒有感受過安排收支的感覺。

結婚之後我才知道，通常一般家庭是從每個月固定的金額中籌措家計開銷的，於是我曾試著填寫家計簿。

每天每次購物，都將蘿蔔多少錢、沙丁魚多少錢逐項填進家計簿，月底合計。每個月有多少收入，而每天要買什麼、買多少，這樣一個月會有多少支出，這只要記上一個月的家計簿便能大致掌握。於是我自此之後就沒有再填寫家計簿了。

只要一填寫家計簿，每次買東西時就會很在意這是不是太貴了、這樣是不是買過頭之類的事情。

就算考慮著烹調的材料與順序，還是會很在意用於某項料理的這個食材會不會太貴，而猶豫不決。在意著家計簿，而使家事不能順利進行。

孩子偶爾說出「想吃蛋糕」，那就「好呀！」這樣買回家，家人一起開心享用。這多出來的開銷只要以後省一點錢就可以了的事情，如果填寫家計簿不時檢查每天的支出，就變得連個蛋糕都計較著「不可以買！」

每天填寫家計簿，難免就消耗眼力，近視就難以避免。這樣，攢下來的錢也不好精打細算。

就算偶爾想買個衣服，又覺得太浪費了而作罷。家族旅行也是，家人想去的地方是其次，反而優先尋找可以用便宜的價錢就去到的地方。

這樣子，人生是不會快樂的。

某種程度上要適度地調節，否則會喘不過氣的。不過，也不是說漫不在乎家計就是好。

填寫家計簿，只要寫一個月就夠了。

試著填寫一次，能掌握住一個月的用錢流量與流向後，再把家計簿放在心裡，填在心裡就可以了。

今天多花了一點，那明天就少花一點。

下週要出門，可能會要用錢，那這週就省一點。像這樣在心中保持收支平衡，如此就不會每天為數字所煩惱。

在心裡填寫家計簿，其實也是在找出家計的「平衡點」。

只要心裡有個底，這樣家庭的休閒娛樂或親戚間禮尚往來等有較大筆的用錢時，也能用錢用得得心應手。

避免過度節省，預防鋪張浪費，最簡單的方法就是在心裡填寫家計簿。

來學學有著絕妙平衡的的金錢使用法吧。

使用金錢也是「八分飽」。

在江戶時代，三不五時會發布儉約令，要求武士們力行質樸儉約。

松平家也承繼了這個精神，即使進入了昭和時代，日常生活依然樸實無華。

只留必要的東西、三餐基本上是一湯一菜，過著踏實的生活。

說到質樸儉約，偶爾會受到誤解。松平家的質樸儉約，並非以減少支出為目的，也非積攢金錢。

在松平家，有著「八分飽思想」。

松平家教育孩子們，即使面前擺著足以吃到飽的食物，也要為了別人留下二分。

祖母也常說：「留下二分，這樣就能幫到其他人。」

松平家的人，不會去求自己吃飽，而會自律，心中想的是為了他人而盡力。

祖母也是將「盡力為人」當成第一優先的人。

那樣的祖母，以「所謂的貧窮，是無法為了他人而付出」為信念，從不操心自己的生活。

松平家的質樸儉約，其中是蘊含著這樣的思想的。

手中有的錢，要珍惜著用。

買東西時，不是想著少一塊錢也好，而是要考慮其價值。要好好地想透徹，買了這項物品後生活會有如何的變化，再決定是否購買。

必要的東西，就好好地花錢購買。

好讓待客時盡心盡力，見人時儀容整潔。

身為武士，再怎麼為錢所困，都要穿上袴、帶上刀，體面地做好表面功夫。

不讓他人窺見自己的困難與煩惱，這是武士的矜持。這份驕傲，支撐著武士。

雖然我們生活在現代，不過就算有著金錢上的困擾，也要盡量不被人看穿，竭盡所能把自己打理好，這樣運氣及善緣總會靠近的。

所謂的質樸儉約，是「八分飽思想」。

為了他人留下二分。

要成為能夠隨時為了他人而行動的人。這樣的行為，會培養出一種風範。

質樸儉約，會為你的人生帶來真正的豐收。

對「唯一的奢侈」絕不妥協。

在松平家的幫傭，每年父親或祖母會贈送他們上好的足袋[5]。
對他們來說，那是由主人家送的特別的足袋。
髒了就仔細清洗，破了就立刻縫補，珍惜著用。
雖然我只是個孩子，但看著他們的那副樣子，我有一種感覺，
那就是自己所相信是好的東西，會支撐著那個人的心靈。

或許是因為那記憶裡的足袋吧。

我成人後，心裡暗自決定，襪子就要買好一點的。好的襪子，穿上去的舒適感就是不一樣，而且也比較耐用。一穿上去，就會有種今天也要加油努力的心情。

因為一穿上好襪子就一整天都會有好心情，為此而稍微用好一點的也不為過。

會覺得「就這麼一樣東西想要用好的」，只要有一項，人生就會變得豐富。

那樣的東西是因人而異的，或許有的人就想要用好的蕾絲手

5足袋是一種分開拇趾與其他四趾的襪子或鞋子，有分為工作用及休閒用，也有較為華麗花俏的女性用足袋。由於底部柔軟，穿著舒適且耐用，受到工人的喜愛。

帕，而也有人就想要用好的入浴劑。

如果有一樣東西能夠讓自己感到快樂，那麼對那樣東西就別用價格去衡量其價值，而以舒適感去衡量價值，這是很重要的。

還有一樣東西，會讓我心情好起來。那就是「紅豆泥」。是那種將紅豆煮爛後、濾過，再仔細挑掉紅豆皮的紅豆泥。

這實在非常耗工，是很奢侈的食物。

我從以前就很喜歡上等紅豆泥那細膩的口感與微微的甘甜，所以現在要享用日式甜點時，肯定會選擇有紅豆泥的。

而祖母，則是茶。

祖母會自己沏茶後悠閒地享用，這是她最寶貝的時光。祖母說：「只有茶，是我唯一的奢侈。」將茶葉賞玩一番後再沏茶。

也許，籠罩在茶香裡的時光，是其他任何事物都無法比擬的休憩吧。

對「唯一的奢侈」，是可以不用妥協的。

在那一瞬間內心變得豐盛、能好好愛惜自己、能好好待人，這樣的話就不必計較價格或所耗費的精力。

雖然知道這是好東西，但是會妥協「這比較便宜」的話，那麼不買還比較好。

沒有必要所有的東西都追求舒適。身邊的東西中，只要有一項是唯一要追求舒適的，這樣就能過上內心豐富的人生。

Chapter **FIVE**

人際關係

只要心裡有一座「心之堡壘」，
確信自己要如此而活，就能不為他人所動，
過著自在的快活人生。

人際關係猶如四季。不合的人，就當是季節錯開了。

人際關係，並不是總是一帆風順的。

是難以跟所有人都友好融洽。

似乎有許多人認為，不必勉強與個性不合的人來往，不過我認為，還是有可能與大多數人好好相處的。

因為，人都走在各不相同的人生季節中。

要是有不能好好相處的情形，就當成那只是現在走在不同的季節裡。

我之所以會做如是想，是因為曾經發生過一件事。

大學時代，莫名其妙地被某位朋友賞了個巴掌；她到底為何事憤怒，我毫無頭緒。

茫然地回到家後，祖母對我說：「人際關係猶如四季。」

「這話怎麼說呢？」

「跟誰處不好，只要當成自己現在是冬天，而那位人士現在是夏天，彼此都是季節錯開了，這樣就好了。也許，總有一天季節會走到一起。」

這麼一說，心情豁然開朗。

就好比我這邊冷到穿大衣了，她那邊卻穿著無袖連身裙。不知道什麼時候，走到南轅北轍的兩個季節去了。

這麼一想，氣也生不起來了。畢竟曾經走在同一個季節裡，或許有一天兩個人的季節又會重逢吧。

過了一陣子，我找那位朋友去買東西。因為，雖然我也有不舒服的感覺，不過我想她或許也在苦惱吧。

找個時間重修舊好，這樣雙方的心情才會輕鬆。那位朋友也靦腆地陪我了。

那件事，說不定就是個落在季節之外的颱風。

人會成長。

然而，自己與他人的成長速度不可能永遠維持同步，所以有時候會覺得對方不夠完美，或是難以理解。

對方也是一樣。

就算彼此開始有了不協調的感覺，也沒有必要馬上切割掉與對方的聯繫。畢竟，或許某天季節又會走到一塊兒。人際關係，要留點餘地地給那樣的可能才好。

只要人際關係不太順利就焦躁不安，歸結出「是不是不合啊？」、「不要再繼續來往是不是比較好？」的結論，這只是徒然讓自己心力交瘁。

人際關係，猶如季節一般是會循環的。

而季節是無法掌控的。

只要靜待佳音即可。

人生，不是用來有求於人。

我的母親到九十五歲高齡了，念及祖母時都還一定會說：「俊子女士真的是非常好的人。」

祖母俊子，對母親來說是婆婆。社會上時有婆媳問題，但這兩人卻相處得非常融洽。

我想，她們的秘訣在於滿足彼此的希望吧。

祖母希望母親不論再怎麼忙，都要比父親早回家對他說：「你回來啦。」

祖母對母親所求不多，而母親也達成了祖母唯一的希望。

婆媳之間，就像職場上主管與部下一樣有著明確的上下關係，所以精確地看出對方對自己有著什麼樣的希望，再去實踐它，這是很重要的。

譬如，給婆婆準備母親節贈禮時，即使是自己準備的，母親也會說：「這是妳兒子精心為妳選的喔。」這樣說就很圓滑周到。

比起媳婦，婆婆更想要兒子對自己好，所以不會希望聽到媳婦說：「這是我準備的。」或是說了：「是我選的。」說不定會演變成受禮者感覺受了嚴厲的批評：「是我太直白的表露心意嗎？」如此一來，就無法保持內心的平靜。

說是兒子選的，讓婆婆開心，覺得「那孩子從以前就很細心呢」、「真懂我喜歡什麼耶」，這樣就足夠了。

比起自己要怎麼做才能討婆婆歡心，更重要的是了解對方希望的是什麼。而為了達成那希望，自己應該怎麼做；第一優先要考慮的，是不過度強調自己，而使關係圓滿融洽，如此能大幅減少紛爭。

當了婆婆之後也是。即使心裡不滿媳婦沒帶孫子來給自己看，但若對方並沒有那樣的計劃，那就不提。

以婆婆的立場去提這件事，在下位的媳婦聽起來會感到強迫的意味。要讓關係圓滿融洽，不提是最好的。

人生，不是用來有求於人。

重要的是，不邀功到自己身上。若能如此整理自己的內心，就能積極去達成對方的希望，也能徹底當個黑子[6]，完成幕後的任務。

江戶時代的武士，在主公面前，也是壓抑自己，將主公放在第一順位去思考與行動。

現代雖然不鼓吹滅私奉公，不過，若能讓對方感覺受到敬重，上下之間的關係也會更加和諧融洽。

因此，要思考對方希望的是什麼。

6黑子：一身黑衣的工作人員，負責調整演出角色的衣裝或更換布景、處理道具等。

發生問題時，要反思自己。

常有人來找祖母聊聊人際關係上的煩惱。

這種時候，祖母僅委婉地勸告：「原因不在於外。請先返回觀照自己的內心。」

在松平家，從小就教育我們，控制情緒是很重要的。

家族聚會時，只要我快哭出來了，幫傭的人就會趕緊帶我回房間。

在人前哭泣是不被允許的。

自古至今，武士都被訓練成不能被人窺見內心。在兵不厭詐的武士世界裡，一露出動搖的樣子就無法生存了。

祖母也是無論何時都不顯露出情緒。即使非常明顯是對方的過失，她也輕輕放下。

「遇到糟糕的事，或是遭遇背叛，此時首先要想自己有錯。」

聽到祖母此言，我感到非常不可思議，反問：「沒有做錯什麼事情，也非這麼想不可嗎？」

然而，祖母只是靜靜地望著我。

如今，我總算明白了這番話的意思。

受到不合理的對待時，一瞬間浮上心頭的想法是「為什麼是我遇到這種事」。然後漸漸湧現出「我應該是沒有錯的」。接著會想「我沒有錯」。

但是，責備對方也不會讓心情好過。

這種時候，首先要回歸到自己的內心。

「或許我也有不對的地方。」

「那時候我那樣做，可能也讓那個人遇到那種事吧。」

與其歸咎於對方，不如歸咎於自己還比較輕鬆。

反省過一次之後，就能爽脆地轉換心情。

被丈夫或情人背叛時，回想一下之前自己的所作作為，或許能發現到自己對對方還不夠體諒，這將會成為自己的財產。

即使再也無法與背叛者重修舊好，那段經驗也會成為人生的墊腳石吧。

然後，不強求破鏡重圓。

將上一段關係放諸水流，踏出嶄新的一步，這份清爽是人生所必要的。

——領受四時豐穰之賜　沉澱心靈而知溫良——

真正的體貼，是用心眼看，且不著痕跡。

在松平家，待客是極為細膩入微的。

武家的屋子，從玄關到客廳的這段路，是特別設計成能讓客人欣賞院子裡四季風情的。

在客人打道回府時，會遞上有季節感的小禮物。

呈現出季節感，這是最好的待客之道。

主持茶會時，祖母總告誡我：「要是有無法融入話題的客人，就要跟他聊聊季節。」

以及「體貼，不可讓人察覺蛛絲馬跡。」

祖母教我，要以「心眼」去看見全體。

在松平家，為客人添茶是孩子們的任務。當客人喝完茶，就要為他添茶，但不可以直盯著客人的茶。

祖母教我「要以心眼去感覺」。

客人喝茶時提高茶杯的角度、放到茶托上的時間點、放上去時的聲音、談話的間隔等等，從各種跡象來推測「差不多該去添茶了」。

雖然看起來很難，但只要好好用心體會，就能心領神會。

這些細微的體貼，松平家是做得若無其事、不著痕跡的。

若讓人感覺受到的待遇是「這些心思都是為了你」，這樣對接受好意的人來說並不舒服，那可稱不上是體貼的待人。

在最頂級的店裡，可以接觸到不著痕跡的服務。

例如，可在包廂享用懷石料理的地方。

要端出懷石料理時，推估時機是很重要的。

懷石料理是一道一道出菜的，所以要推估一下客人剛好用完一道，緊接著上下一道菜。為了要推估上菜的時機，都是由專人隔著一片紙拉門在外伺機而動。

等客人用完一道菜才去通知廚房，這樣的話會讓下一道菜來不及準備，所以必須看準一個差不多的時間便先去通知廚房。

然而，用餐的速度會因每個人及場合而異，推估時機點最重要的，就是「心眼」。

不刻意打開紙拉門以肉眼去確認，而是以心眼去覺知客人的狀況。

待客時，要順著對方的心意。

為了能順著對方的心意，平常就要減少多餘不必要的事物，整頓自己的行為舉止，以能了解對方的心思。

別離的悲傷，
就靜待它從滿溢到消失的時機來臨。

在松平家，要求我們要將憤怒、後悔、深切的悲傷等負面情緒埋藏進丹田。先一口氣收到身體深處，再隨著氣息靜靜吐出。

祖母的第一個兒子廣，給了丈夫胖的兄長——松平瀨壽伯爵——作為養子。當時廣已十歲了。

由於嫡傳的賴壽，其正室沒有兒子，為了松平家的血脈不得不出此下策。雖說如此，但也僅在離別的前一週才告知。都還沒有做好心理準備，廣便離開了祖母的身邊。那會有多麼悲傷啊。

祖母卻不曾在他人面前口出怨言。

我從那樣的祖母身上學習到，將悲傷埋進丹田再吐出的方法。有時候即使已經吐出去了，但悲傷仍又立刻來襲。儘管如此還是要再次埋進丹田，再悄悄吐出。一邊重複著，一邊等待內心慢慢痊癒。我所看見的祖母，就是如此才能完全渡過悲傷。

祖母的婆婆千代子（彌千代姬），也是一位渡過了沉痛悲傷的女性。彌千代姬是江戶幕府大老井伊直弼的次女，嫁予高松藩松平家的松平賴聰（我的曾祖父），據說是那個年代少見的戀愛結婚。

然而，婚後迎向第二年時，一切都風雲變色了。彌千代姬之父井伊直弼遭到暗殺（櫻田門外之變），而賴聰的家臣認為「彌千代姬會為松平家帶來災厄」，迫使賴聰離婚。

彌千代姬為了心愛的人而離開，回到故鄉。如此突如其來的生離，會是如何的悲傷啊。

隨著時光流逝，維持單身的兩人，在大政奉還的五年後復合了，之後，生下了胖（我的祖父）等五男二女。

失去心愛的人與物時，松平家會將悲傷埋藏進丹田。然後，靜待某個悲傷滿溢出來的「時機」。

等待的期間，會整頓內心，那樣便會清楚地了解，為何悲傷？為了何事而悲傷？而完成心靈的整理整頓。

這是某位女性的故事。她在某場事故中失去了丈夫與孩子。日日被悲傷摧折，無論做任何事情，內心的陰霾從不散去。

就在那樣的時期，突然去了沙漠旅行。也許她本人想在某個天涯海角死去吧。她站在寸草不生、沒有一滴水的沙漠中，迎接了夜晚的降臨。仰望天空，是無垠的滿天繁星。至今從未見過如此光景，不禁屏息。

就在那瞬間，她突然想上洗手間。明明想死，卻無法違抗生理現象。想個辦法解決了洗手間的問題，想到這些悲傷也許總有一天會滿溢然後消失，便下定決心「活下去吧」。

人為了要健康地活下去，會多出不要的東西是天經地義的。悲傷，總有一天會消逝，所以就安心地活下去吧。

身邊圍繞著喜歡的人以迎向晚年，朝著如此的人生邁進。

松平家教我們「心裡要有座只屬於自己的堡壘」。

這句話的意思是，只要決定了「自己要如此而活」，這樣不管被他人說了什麼，都能有一顆堅強的心活下去。

祖母的心中也有座堡壘。

她的內心決定「盡力為人」，不論身處怎樣的時代都貫徹這點。

那樣的祖母，希望的晚年生活是身旁圍繞著自己喜歡的人，而她也如願以償。

我從那樣的祖母身上學習到，人的一生，即不論跟任何人都是邊磨合邊走下去的。不過，人生的後半段，要稍微整理一下人際關係，留下自己喜歡的人並與之來往，這才是身為一個人的幸福之道。

隨著年事漸高，祖母越發讓時間更加自由。她安排了許多與自己喜歡的人見面的時間，而不是自己喜歡的人則高明地婉拒邀約。到四十歲為止都精力充沛地投入新事業，那之後則只接受還有往來的人所委託的工作。

如此這般，她過著被自己喜歡的人圍繞的生活。

祖母也有一位很好的男朋友。

能與那位男士見面的日子，祖母會看起來比平常華麗一點。看著兩個人聊到忘了時間，真令人不禁莞爾。

我想，祖母是有計畫地，讓自己的晚年能在自己所喜歡的人圍繞下過完吧。

工作，不論喜歡或不喜歡，總有一些非得交際來往的人物。如果是一般公司員工，是不能選擇上司、同事或交易對象的。

除了工作，親戚或鄰居也不是自己能夠選擇的，有時候也會感到交往上的困難重重。

即使是慎選過的往來對象，在人際交往時總是有料想不到的意外。

那麼，要像祖母那樣，晚年身旁圍繞著自己喜歡的人，該怎麼做才好呢？

答案是，時刻不忘對人好、感謝與謙虛的心。

愛人，終會被人愛。自己能夠對人好，自然身邊會聚集美好的人。

後記

整理整頓
是一輩子的事

おかたづけは一生のものであり

物多則煩心　「知足」則調心

這首歌代表了松平家的整理整頓精神。給「知足」加上引號，是希望各位讀者能想起「知足安分」這句話。

「知足安分」，意即不鋪張，不奢求，安於自己之所在。過分奢求，甚或可能破壞了自然的秩序。

不知足，則不論處於如何豐裕的環境，也不得平靜。

如今，「整理」正受到關注，其程度已到了不可思議的地步。

在松平家，整理整頓，不是講了才做的，也不是一種收納的方法，而是下工夫去經營自己的生活。

我從五歲開始擰抹布，出嫁時是帶著自己縫的抹布三十條以及一個水桶去的。

整理整頓是一輩子的事，也沒有什麼「這樣就好了」這回事。我所受到的教育是，人生本身即為整理整頓。

讀完本書，不必變身成為整理達人。請如此想：由於意識到了整理整頓，而讓自己的人生走向快活愉悅。

武家的屋子裡總是整整齊齊，這是為什麼呢？

那是因為，心裡有一份不論何時發生何事都要能應對的覺悟，而將房間每個角落都徹底整理到。

並且，房間也是能回歸本心的地方。

現代的住家也可以這麼說吧。

房間，是整理心靈的地方。

正因如此，物就要少而簡單。每天整理整頓，精神就會清爽而飽滿。

如今的社會結構、經濟環境起著劇烈的變化。

人的價值觀也有了巨大的改變。

即使如此，高雅的言行舉止、優美的用字遣詞、彬彬有禮並且對人體貼，這些特質是每個日本人都對之有著好感與敬意的。

海外人士也對這樣的日本人高度評價、表示敬意。不妨對此感到驕傲吧。

希望能與各位讀者共享先人所留下來的智慧。末了，即此擱筆。

二〇一五年十二月　松平洋史子

生活文化 CVP0048

松平家的人生整理術

學日本名門流傳數百年的秘訣，讓你活得更自在。

作者—松平洋史子
協力—今泉愛子
譯者—黃毓婷
編輯—黃煜智
執行企劃—廖婉婷
內頁排版—楊珮琪
總編輯—曾文娟
董事長—趙政岷
出版者—時報文化出版企業股份有限公司
108019台北市和平西路三段二四〇號七樓
發行專線—（〇二）二三〇六六八四二
讀者服務專線—〇八〇〇二三一七〇五
（〇二）二三〇四七一〇三
讀者服務傳真—（〇二）二三〇四六八五八
郵撥—一九三四四七二四時報文化出版公司
信箱—10899台北華江橋郵局第九十九信箱
時報悅讀網—http://www.readingtimes.com.tw
電子郵件信箱—ctliving@readingtimes.com.tw
思潮線臉書—https://www.facebook.com/trendage
法律顧問—理律法律事務所 陳長文律師、李念祖律師
印刷—紘億彩色印刷有限公司
初版一刷—二〇一七年五月十九日
初版四刷—二〇二一年十月二十七日
定價—新台幣二五〇元

時報文化出版公司成立於一九七五年，
並於一九九九年股票上櫃公開發行，於二〇〇八年脫離中時集團非屬旺中，
以「尊重智慧與創意的文化事業」為信念。

松平家的人生整理術：學日本名門流傳數百年的秘訣，讓你活得更自在。 / 松平洋史子著；黃毓婷譯. -- 初版. -- 臺北市：時報文化, 2017.03
面； 公分.

ISBN 978-957-13-6913-6 (平裝)

1. 生活指導

177.2 106001550

ISBN 978-957-13-6913-6
Printed in Taiwan